Albert Bichler

Kommt von Herzen

Zum 80. GEBURTSTAG,
für meine liebe Mutter.

Pattloch

Viel, viel Glück –
das wünsche ich dir von ganzem Herzen.
Erfüllte Stunden
und Tage voller Lachen
und Sonnenschein.

Nimm dir Zeit,
es ist genug davon da!
Mein Wunsch für dich ist,
dass du einfach einmal abschaltest
und alles vergisst, was dir Sorgen bereitet.
Du wirst Atem schöpfen
und mit neuem Antrieb
deinen Weg gehen.

Denke an dich, deine Kräfte,
deine Gesundheit, deinen Körper!
Überlege, was dir gut tut!
Ich wünsche dir den Mut,
dass du einmal nur auf dich schaust
und stärker auf deine Bedürfnisse hörst.

Ich wünsche dir
einen Korb voll schöner Gefühle:
Heiterkeit, die von innen kommt,
Mut, der dich beflügelt,
Liebe und Mitgefühl.
Lass dich nicht von schlimmen Empfindungen
nach unten ziehen!
Dieses Leben ist viel zu kurz,
um es nicht auszukosten.

Ich wünsche dir die Zufriedenheit,
die aus der Stille kommt,
aus dem Frieden einer schönen Landschaft,
aus dem Duft einer Blume,
aus dem silbrigen Plätschern
eines Brunnens.

Was ich dir noch wünsche,
das ist eine ordentliche Portion Gelassenheit.
Wir kommen alle nicht
ungeschoren durchs Leben.
Die schlimmsten Katastrophen
geschehen jedoch in der Einbildung.
Das meiste geht gut.

Tag für Tag eine kleine Freude!
Das kann das Lächeln eines Kindes sein,
der freundliche Gruß deines Nachbarn,
die Sonne, die dir am Morgen
die Nase kitzelt.
Viele solcher kleinen Freuden –
die wünsche ich dir.

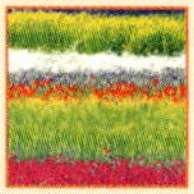

Ich wünsche mir,
dass in deiner Seele etwas ist, das tanzt:
Eine Lust zu leben und das Leben zu umarmen!
Eine unbändige Freude an der Vielfalt
der Menschen und ihrer Schicksale!
Spaß am herrlichen Spektrum der Farben
und der unendlichen Kreativität
der Natur!

Ich wünsche dir, dass dich
der Schatz deiner positiven Erfahrungen beflügelt
und dass du negative Erlebnisse
gut verarbeiten kannst.
Manches, was dich verwundete,
hat dich am Ende reifer gemacht.
Und wo dir ein Hindernis im Weg stand,
hast du gelernt zu springen.

Menschen wünsche ich dir –
echte Menschen,
in deren Nähe du dich richtig wohlfühlst,
denen du dein Herz
ausschütten kannst und
die da sind, wenn du sie brauchst.
Die Freundschaft zu ihnen
ist nicht mit Geld zu bezahlen.

Ich wünsche dir,
dass du deinen roten Faden niemals verlierst!
Deine Herzenswünsche
sind ein Stück von dir!
Halte sie immer fest und glaube daran,
dass sie sich eines Tages erfüllen werden.

Lachen sollst du,
sollst dich freuen, sollst das Leben
von seiner besten Seite
nehmen! Ich wünsche dir
einen endlosen Vorrat an Humor und
die Gabe, die Dinge leicht zu nehmen.

Anerkennung – du brauchst sie,
wie jeder Mensch
sie braucht.
Ich wünsche sie dir.
Von den richtigen Leuten,
zur rechten Zeit,
mit den richtigen Worten.
Sie möge dich stark und stolz machen,
damit du viel Energie hast
für all deine künftigen Pläne.

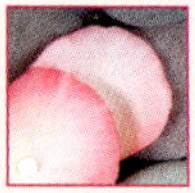

Es gibt einen Wunsch von mir,
den sollst du dir aufheben für die Zeit,
in der du ihn benötigst:
Wenn es hart wird
und du den Weg nicht mehr siehst
vor lauter Steinen,
dann soll Zuversicht in dein Herz kommen
und Stärke in dir sein,
um auch das Schwere
gut und glücklich zu bestehen.

Nimm dir die Freiheit,
die nötig ist, um dein eigenes Leben zu leben.
Du hast dieses Leben nur einmal.
Ich freue mich mit dir,
wenn deine kühnsten Wünsche
in Erfüllung gehen.

Dich soll nichts umhauen!
Kein Sturm soll
dein Standvermögen erschüttern,
keine Windböe dich von Deck blasen!
Gute Wurzeln wünsche ich dir,
die dir jederzeit Halt geben.

Ich wünsche dir,
dass du hinreißend träumst!
Von großen Plänen, herrlichen Orten
und bezaubernden Menschen.
Dazu brauchst du einen tiefen Schlaf.
Auch der sei gewünscht.
Von Herzen!

Ich wünsche dir Vertrauen!
Lass dich nicht entmutigen,
selbst wenn du zwischendurch
enttäuscht werden solltest.
Denn die Welt wird ärmer,
wenn wir uns nicht
immer wieder
eine neue Chance geben.

Do., den 10. Dez. 2009

Zum Schluss
wünsche ich dir
für alle Tage deines Lebens,
dass du dich niemals verlassen
und alleine fühlst.
Du darfst wissen,
dass du für mich und viele andere
sehr wichtig bist.
Viel Glück!
Es kommt von Herzen!

In Liebe
Deine Jutta

Bildnachweis
Umschlagfoto: IFA-Bilderteam/IPS
Fotos: S. 7: gettyimages/Images Etc Ltd; S. 9: gettyimages/VisionsofAmerica/Joe Sohm; S. 11: gettyimages/Tony Sweet; S. 13: gettyimages/Johner; S. 15: gettyimages/Elena Segatini; S. 17: gettyimages/Ross M. Horowitz; S. 19: gettyimages/Sharon Montrose; S. 21: gettyimages/DAJ; S. 23: gettyimages/Jonathan Gale; S. 25: gettyimages/S & O; S. 27: getyimages/Sami Sarkis; S. 29: gettyimages/Amy Neunsinger; S. 31: gettyimages/Fumio Otsuka; S. 33: gettyimages/Rosemary Calvert; S. 35: gettyimages/Konrad Wothe; S. 37: gettyimages/Russell Kaye/Sandra-Lee Phipps; S. 39: gettyimages/Michael Busselle; S. 41: gettyimages/Paul Joynson Hicks; S. 43: gettyimages/Ross M Horowitz

Bibliografische Information Der Deutschen Bibliothek

Die Deutsche Bibliothek verzeichnet diese Publikation in der Deutschen Nationalbibliografie; detaillierte bibliografische Daten sind im Internet über http://dnb.ddb.de abrufbar.

Gesamtgestaltung: Silvia Braunmüller, Atelier Lehmacher, Friedberg (Bay.), www.lehmacher.de
Lektorat: Bettina Gratzki, Bettina Dester, Pattloch Verlag
Druck und Bindung: Uhl, Radolfzell
Printed in Germany

05 04 03 02 01

ISBN 978-3-629-10461-8

www.pattloch.de